AF258088

COMPTE RENDU

A LA

CONVENTION NATIONALE,

PAR LE REPRÉSENTANT DU PEUPLE

ALBERT,

SUR LE DÉPARTEMENT

DE LA MARNE.

A Châlons, Chez MERCIER, Imprimeur du
Département, rue de brebis.

COMPTE RENDU

A LA

CONVENTION NATIONALE,

PAR LE REPRÉSENTANT DU PEUPLE

ALBERT,

SUR LE DÉPARTEMENT

DE LA MARNE.

JE vous ai rendu compte de mes opérations dans le département de l'Aube ; ma mission s'étendait également sur le département de la Marne ; après un séjour de six décades, je vais vous faire le rapport de ce que j'y ai remarqué et de ce que j'y ai fait.

Parmi les objets que j'ai pris en considération, trois très-importans ont spécialement fixé mon attention ; les subsistances, le renouvellement des autorités constituées, l'esprit public.

A

SUBSISTANCES.

Il m'a été facile d'appercevoir que la véritable cause de la disette de grain tient moins dans le département de la Marne à la rareté réelle qu'à la coupable avidité du grand nombre de cultivateurs ; abusant de la dure dépendance où se trouvent vis-à-vis d'eux les autres citoyens , ils ne rougissent pas d'exiger trois, quatre cents livres du quintal de froment ; il en est même qui ne veulent plus en vendre pour du papier et qui exigent du numéraire. J'ai cru devoir prendre des mesures vigoureuses contre un tel excès d'égoïsme et de cupidité ; vous avez reçu la proclamation que j'ai faite à ce sujet. J'ai prescrit aux administrations d'être inexorables sur l'acquittement des réquisitions arriérées ; il m'a paru juste que le cultivateur qui, méprisant les réquisitions , vendait à des prix énormes, fût puni de sa criminelle insouciance sur les besoins de ses frères ; des peines pécuniaires , quelques arrestations prudemment ménagées, ont produit d'heureux effets, et dans le cours de ma mission je n'ai pas eu le chagrin de voir s'élever aucun mouvement capable de causer une inquiétude sérieuse.

Ce que j'ai vu dans les deux départemens où vous m'avez envoyé ; ce que j'ai appris d'ailleurs , me fait croire qu'il y a du grain en assez grande quantité pour atteindre la récolte ; la preuve c'est que ceux qui veulent le payer en argent en trouvent toujours: il en est de même de tout ; avec du numéraire on ne manque de rien et , je dois vous l'avouer , ce qu'on ne lacherait pas à moins de vingt livres en assignats , se donne pour vingt sous en argent.

Déjà vous avez pris des mesures pour raviver le crédit public ; mais je vous observerai , citoyens collègues , que le discrédit ne vient pas de la crainte de ne pas voir les assignats bien hyppotéqués ; personne ne doute que la république n'ait assez de domaines pour rembourser les assignats mis en émission ; la véritable cause c'est que nous n'avons pas encore une constitution perfectionnée , ni gouvernement , ni lois , et que tant que les citoyens seront incertains sur leur existence politique , ils seront naturellement inquiets sur le signe représentatif; et cette inquiétude , tant qu'elle existera , sera nuisible au crédit public. Ainsi les meilleures mesures que vous puissiez prendre en finances , c'est de perfectionner la constitution , de régler par des lois précises et claires les droits civils des citoyens , et enfin

de mettre tous les malveillans dans l'impossi-
bilité de nuire.

AUTORITÉS CONSTITUÉES.

Dans le département de la Marne comme
dans tous les autres, à la réserve de quelques
anciens fonctionnaires publics échappés à la
proscription et restés par hazard en place, de
quelques nouveaux qu'une heureuse méprise
y avait appelé, tout le reste n'était, dans la
majeure partie des chefs-lieux, qu'un assem-
blage d'ouvriers et d'artisans égarés par le
fanatisme de la liberté, et plus dangereux
encore par leur zèle outré que par leur im-
péritie. C'était sur-tout dans les comités révo-
lutionnaires des grandes communes que l'on
semblait avoir pris à tâche de rassembler tous
les défauts et tous les vices. Pour faire des
changemens nécessaires et utiles, je me suis
transporté dans les chéfs-lieux de districts; et
après avoir pris pour conseils des citoyens
recommandables par leur probité, leur civisme
et leurs lumières, jai, après trois semaines
d'informations et de recherches, procédé au
renouvellement des autorités constituées, et
par suite j'ai renvoyé dans leurs ateliers cette
multitude d'artisans qui y seront très-utiles,
et qu'on n'aurait jamais dû en faire sortir.

J'ai appelé dans les administrations des hommes qui avaient déjà travaillé dans cette partie ; j'ai composé les tribunaux de citoyens intègres et versés dans la connaissance des lois ; j'ai recherché pour les fonctions municipales la bonne conduite, la prudence, le zèle, la confiance du peuple : mais, avant tout, je m'étais fait une loi sacrée de rappeler à leur poste les fonctionnaires patriotes et instruits que le peuple avait nommé et que les factieux et la tyrannie avaient injustement destitués. Depuis l'épuration, j'ai parcouru les districts ; j'ai vu que chacun était à sa place et que le peuple était content.

Le ravage des proscriptions s'est peu étendu sur les habitans des campagnes ; aussi les justices de paix n'y ont pas essuyé la fureur des destitutions ; en sorte que presque tous les juges de paix actuellement en place, tiennent leur mission du peuple même. Par-tout où l'on m'a assuré qu'il y avait de la probité et du zèle, j'ai cru devoir respecter les nominations populaires ; cependant je vous répéterai ce que je vous ai dit dans mon compte rendu du département de l'Aube : ces tribunaux si intéressans, sont en grande partie confiés à des hommes qui n'ont ni l'expérience ni les lumières qu'exigerait l'importance de leurs fonctions.

Un établissement qui honore la révolution
ce sont les bureaux de conciliation : je ne
connais point de fonctions plus nobles que
celles de maintenir parmi les hommes la concorde et la paix. Ne serait-il pas à propos
que, pour animer et soutenir le zèle des
hommes voués à ces travaux utiles, on leur
accordât quelques récompenses ? ils n'ont ni
décorations, ni préséances, pas le moindre
encouragement ; cependant ceux qui aban-
donnent leurs affaires pour se vouer aux
travaux pénibles qu'exige cette espèce de
sacerdoce, mériteraient une sorte de dédom-
magement. Il faut encore observer que souvent
ceux qui composent ces bureaux n'ont pas
d'emplacemens commodes ni même décens,
pour donner audience : ne conviendrait-il pas
de leur désigner un local pour y tenir leurs
séances ? Les citoyens s'asseoiraient volon-
tiers dans le temple de la concorde, avant
d'arriver à celui de la justice.

ESPRIT PUBLIC.

Dès mon arrivée dans le département de
la Marne je m'étais apperçu que les esprits
avaient de la peine à se remettre de la stu-
peur où des actes d'un terrorisme continu
et sans cesse renaissant les avaient plongés.

Je démêlais néanmoins à travers ce sommeil
apparent le dévouement à la Convention ,
l'amour de la liberté et tous les germes du
véritable patriotisme ; à peine les autorités
ont-elles été épurées et composées d'hommes,
dont le civisme et les lumières m'étaient ga-
rantis , que jai donné tous mes soins à ra-
nimer et fortifier l'esprit public. Sans doute ,
si Deville , Charlier , Prieur , Thuriot , Armon-
ville , Bastellier , tous députés de la Marne ,
eussent voulu se servir de la confiance dont
ils devaient être investis par leurs commet-
tans , ils ne les auraient pas laissé opprimer
par des tyrans subalternes qui n'ont eu l'au-
dace du crime que par la protection qu'on
leur a si long-temps accordée. J'ai invité les
municipalités à me dénoncer , et aux tribunaux , les hommes de sang , les terroristes ,
les dilapidateurs des monumens et des arts.
Uu cri général tout-à-coup s'est fait entendre.
Les fauteurs du crime et de la tyrannie , les
dilapidateurs , sont devenus l'objet de l'indi-
gnation publique ; ils ont été dénoncés et
appelés pour se justifier devant les conseils-
généraux et en présence du peuple ; quel-
ques-uns , mais un petit nombre , on prouvé
que c'était par erreur qu'ils étaient dénoncés ;
la majeure partie est restée sous l'anathême

A 4

des dénonciations, et la justice déterminera si les faits. qui leur sont imputés méritent ou non la vindicte publique.

J'avais eu l'attention de prévenir les autorités constituées et les bons citoyens de mettre de côté les passions , et de se méfier des excès d'un zèle trop ardent ; ils savaient qu'il falloit distinguer les hommes simplement égarés d'avec les meneurs et les partisans effrénés du terrorisme et du vandalisme ; aussi a-t-on prouvé par l'indulgence dont on a usé envers certains , qu'on ne les regardait que comme des gens trompés qu'on pouvait rappeler au civisme en les éclairant. A l'égard des autres , vu la gravité des dénonciations et les circonstances dans lesquelles nous nous trouvons, j'ai cru qu'il importait à la sécurité publique de les mettre en arrestation , sans préjudice des poursuites devant les tribunaux.

Nous ne pouvons douter que le règne de la justice et de la vertu que vous voulez établir , ne contrarie ceux qui, depuis six ans, en ont été les ennemis , autant que le règne de l'égalité et de la liberté a contrarié les *ci-devans*. Ne nous y trompons pas ; ceux qui depuis la révolution ont été sous le masque du patriotisme , les oppresseurs de leurs communes, ne sont pas moins arisstocrates

que les paladins d'outre Rhin ; les uns et
les autres veulent dominer , les uns et les
autres conspirent pour rétablir leur despo-
tisme , aucuns ne réussiront ; mais prenons
des mesures contre les ennemis du dedans ,
si nous voulons être maîtres de ceux du dé-
hors. En 1792 (vieux style) , on regarda
les prêtres non assermentés comme occasion-
nant le trouble dans l'état : qu'a-t-on fait ?
on les a fait déporter ; eh bien ! si les hommes
d'une faction non moins dangereuse, mettent
la division dans la République , pourquoi
balancerait-on à les bannir d'une terre qu'ils
ont rougi du sang de leurs victimes , et qu'ils
se sont rendus indignes d'habiter , par les
excès qu'ils y ont commis ?

Ce qui s'est passé en germinal et en prairial , fait voir qu'il existe un fil électrique
qui de Paris communique à toutes les communes de la République : par-tout on voyait
le 29 floréal , un air de satisfaction sur les
visages des terroristes; à Troyes , ceux en
arrestation chantaient : *il faut attendre avec
patience le jour de demain , etc.*

Je ne vous dirai rien sur aucune partie
de l'instruction publique , je me réfère à ce
que je trouve dans mon compte sur le département de l'Aube. A l'égard des écoles
centrales , je pense qu'avant de les établir

dans tous les départemens , il aurait été à propos de commencer par en mettre en activité seulement dans les points principaux de la France; on aurait essayé ce genre d'instruction , et les changemens que l'expérience aurait indiqué , se seraient faits plus facilement.

J'appelle votre attention sur la partie forestière; les dégradations s'accroissent avec une rapidité effraiyante , malgré les soins et la vigilance des administrations. Il est de la dernière importance que la Convention se hâte d'arrêter les progrès d'un dépérissement que des siècles auront peine à réparer.

Je mettais encore au rang de mes premiers devoirs , de visiter les hospices d'humanité, les hôpitaux militaires , la maison de repression , les prisonniers de tous genres; c'eût été un délassement pour mon esprit , et pour mon cœur la plus douce jouissance que de prendre une connaissance exacte de la police et du régime de toutes ces administrations , d'y confirmer et d'y étendre , s'il était possible , les pratiques sages ; d'en réformer les abus , et d'encourager les hommes généreux qui veulent bien sacrifier leurs travaux et leur temps au soulagement de l'humanité souffrante ; mais entraîné par le torrent continuel des affaires , je n'ai pu qu'entrevoir avec regret tout le bien que peut-être il m'eût été possible de faire dans cette partie intéressante. J'ai visité ces divers établissemens ; j'ai remarqué par-tout avec un véritable contentement , l'ordre, la propreté et les soins qui règnent dans les hospices d'humanité ; les hôpitaux militaires m'ont également paru bien administrés. Il est de la générosité d'une grande nation, que ses guerriers trouvent dans leurs infirmités et dans leurs maladies , des asyles assurés où ils soient traités d'une manière convenable. Je n'ai pas eu la même satisfaction dans ma visite soit chez les prisonniers de guerre , soit dans les prisons civiles et criminelles , soit dans la maison de repression ; j'y ai vu des hommes malheureux plus que leur position ne devait les rendre , mon ame en a été déchirée ; mais il a fallu malgré moi renvoyer à des temps plus prospères, l'amélioration du sort de ces hommes infortunés.

Dans les départemens de la Marne et de l'Aube , les prisons y sont en mauvais état , et malgré les précautions qu'on prend , très-souvent les prisonniers trouvent les moyens de s'évader. Le jour où l'homme coupable échappe à la justice est un jour de calamité publique ; il faut donc s'occuper de cette partie, et prendre des mesures pour que les prisons soient très-promptement rétablies.

Dans les deux départemens de l'Aube et de la Matne·, le commerce peut y être encouragé , sur-tout dans les communes de Troyes, Reims et Châlons ; sans doute lorsque la paix aura ramené la tranquillité si nécessaire au commerce et aux arts, la France profitera de ses productions et de sa position pour devenir le pays le plus commerçant de l'univers. Quelles résorces n'offre pas une nation qui se suffit à elle-même, et dont le territoire et l'industrie sont enviés de l'univers. Depuis dix-huit mois on se plaint beaucoup de la difficulté des transports ; les réquisitions ont enlevé tous les chevaux ; ceux qui restent ne sont pas de belle·espèce , et les moyens de reproduction qu'à indiqué le Comité de salut public, ne sont pas suffisans pour réparer les pertes qu'on a faites. Je pense qu'il faudrait établir dans les départemens qui offrent de bons pâturages, des haras : la République en ferait les premiers frais ; les jumens qui en sortiraient seraient données à des cultivateurs qui en tireraient partie comme le Comité de salut public l'a indiqué ; et quand l'espèce des chevaux serait multipliée suffisamment, alors si les haras étaient jugés plus dispendieux qu'utiles , on les supprimerait ;

mais tant que la Nation ne fera pas les pre-
mières avances, jamais on ne pourra faire
des élèves; car la belle espèce manque abso-
lument, et un particulier ne peut se procu-
rer ce qu'il faut pour la relever.

Dans les plaines stériles de la Champagne,
il serait facile d'y encourager les plantations.
Cette sage mesure serait d'autant plus avanta-
geuse que, je le répète, nous sommes menacés
d'une disette prochaine de bois. Si l'on a tout
fait pour dépeupler les forêts, tentons tout pour
réparer les fautes de nos pères et les nôtres.

Je souhaiterais aussi que les prairies arti-
ficielles fussent plus mutipliées : l'Angleterre
nous donne de grands exemples dont nous
devrions profiter. Cette importante amélioration ne demande n'y beaucoup d'efforts,
ni de grandes dépenses ; des encouragemens
légers, de faibles récompenses, suffiraient
pour animer le cultivateur, et lui faire tirer
partie de toutes les ressssources de l'industrie
et de la nature.

J'ai encore vu avec peine dans mes diffé-
rentes courses, que des étendues considé-
rables de terrein étaient couvertes d'eau, et
formaient des marais insalubres. L'on m'a
assuré que déjà plusieurs fois le gouvernement sous l'ancien régime avait conçu l'idée
et même fait lever des plans pour désséch* les

marais de Saint-Gond et de Champigneules ; mais ce projet utile est malheureusement resté sans exécution. Il est bien extraordinaire que chez une nation devenue depuis deux siècles le centre des richesses , des lumières et des arts, nous soyons encore réduits à former des vœux sur tant d'objets d'amélioration et d'utilité publique.

Qu'à force de travail l'homme soit heureux, c'est là son but ; mais comment pourrait-il jouir du fruit de ses peines , si sa personne et sa propriété ne sont en sûreté ? J'ai jetté un coup d'œil sur la gendarmerie nationale ; j'ai trouvé de grands changemens à y faire , tant par la vacance des places que par la manière dont elle était composée : quand on érigeait en principe l'assassinat, le pillage, la violation de tout ce qu'il y a de plus sacré, on n'était pas désireux de voir dans la gendarmerie des gens ennemis du désordre ; j'ai pris des mesures avec les chefs qui méritaient ma confiance , pour que ceux qui désormais seront chargés de maintenir la tranquillité et l'ordre , remplissent leurs fonctions autant par inclination que par devoir. Dans les villes populeuses il y a un service intérieur qui n'exige pas que le gendarme soit monté pour le faire. J'ai créé des brigades à pied pour ce service intérieur, et

les gendarmes montés feront celui de l'ex-
térieur ; par ce moyen le nombre des chevaux
sera moins considérable, et la sûreté publique
n'en souffrira pas.

Il est une infinité de petits abus que j'ai
corrigés, et dans le détail desquels je n'entre
pas, parce qu'ils ne sont pas d'un intérêt assez
grand pour mériter une place dans le compte
que je vous rends.

J'ai cru qu'il entrait dans le plan de ma
mission d'embrasser, autant qu'il serait en
moi , toutes les parties qui pouvaient avoir
quelque rapport à l'intérêt général , sans cependant perdre un instant de vue les trois
grands objets qui devaient spécialement fixer
mon attention ; mais j'aimais à questionner , à
consulter , à observer les choses et les hommes. Je pense me rendre le témoignage d'a-
voir rempli ma tâche selon mes facultés et
mes forces , et dans l'unique vue de faire le
bien. Puissai-je , par mes travaux et mon
zèle , avoir contribué pour quelque chose
au bonheur de ma patrie , et mériter l'estime
et l'approbation de la Convention.

A Arcy , département de l'Aube , ce 12
prairial , l'an 3. de la République française.

Le Représentant du Peuple.

Signé ALBERT.

LES ADMINISTRATEURS

DU DÉPARTEMENT DE LA MARNE,

A LA CONVENTION NATIONALE.

REPRÉSENTANS,

TROP de voix se sont élevées pour célébrer des crimes et des monstres ; il est temps que la vertu reprenne ses droits usurpés ; il est temps qu'elle reprenne, dans l'opinion, le rang qu'elle n'aurait jamais du perdre.

Représentans , qui fûtes les amis et les bienfaiteurs du peuple , c'est à vous seuls qu'il doit parler de son estime et de sa reconnaissance.

Les citoyens du département de la Marne voient s'éloigner , avec regret, un de ces hommes dont la présence fut un bienfait pour eux.

ALBERT nous afait oublier en quelques mois deux années de souffrances et de persécutions ; il nous a fait oublier ses prédécesseurs. (a)

____

(a) Hors un seul : PHLEGGIER.

Il a rappelé la justice au milieu de nous ; il a banni la terreur ; il nous a fait aimer la liberté , que des tyrans nous avaient fait craindre.

Il a fait la guerre à tous les abus à la fois; il a épuré toutes les autorités constituées ; il a congédié les vices et utilisé les vertus.

Il a ramené l'espérance , consolé l'infortune , vengé l'humanité ; il a aimé le peuple pour le peuple , et l'a servi sans ostentation.

Enfin , ce qui met le comble à sa gloire , ce qui le met au-dessus de nos éloges , il a été calomnié ; il a recueilli les malédictions des frippons.

ALBERT a donc bien mérité de son pays par ses services ; le nom d'ALBERT sera répété parmi nous tant qu'il y aura des hommes et des principes.

Qu'il nous soit permis , Représentans, de mêler ici notre voix aux accens de la reconnaissance ; de confondre notre vœu dans l'intérêt public.

Qu'il soit permis aux citoyens du département de la Marne d'invoquer le retour d'un ami dont la présence leur est encore nécessaire.

(19)

Qu'il leur soit permis de témoigner, au milieu de vous, leur estime à un homme qui ne peut être dignement loué que par ses actions.

Honorer la vertu, c'est en donner le goût, c'est en propager l'exemple ; l'homme vertueux est une loi vivante dans l'état civil ; la morale des législateurs est le premier instituteur des peuples libres.

Arrêté au directoire du Département de la Marne, le 17 prairial, l'an troisième de l'ère républicaine.

Signé Fontaine, *président* ; Mouton, Hachette, Mennesson, Carré, Picot, *administrateurs* ; Debranges, *procureur-général-syndic*, et Petit, *secrétaire-général.*